D1729965

ERIKA WEINZIERL
DER FEBRUAR 1934 UND
DIE FOLGEN FÜR ÖSTERREICH

WIENER VORLESUNGEN IM RATHAUS

Band 32
Herausgegeben von der Kulturabteilung der Stadt Wien
Redaktion Hubert Christian Ehalt

Vortrag im Wiener Rathaus
am 9. Februar 1994

ERIKA WEINZIERL

DER FEBRUAR 1934 UND DIE FOLGEN FÜR ÖSTERREICH

*Mit einem Gespräch der Autorin
mit Hubert Christian Ehalt*

PICUS VERLAG WIEN

Graphische Gestaltung: Dorothea Löcker, Wien

Druck und Verarbeitung:

Theiss Druck, Wolfsberg

ISBN 3-85452-331-9

Die im Frühjahr 1987 gegründeten Wiener Vorle-
sungen haben sich zu einem internationalen Forum
für bedeutende Persönlichkeiten aus den Bereichen
Wissenschaft, Kunst und Politik entwickelt. Die
Vorlesungen haben das Wiener Rathaus für eine
engagierte Diskussion über die Alltagsfragen der
kommunalpolitischen Willensbildung hinaus geöff-
net.

Es ist meine Auffassung, daß Wissenschaft und
ihre Vermittlung an eine größere Öffentlichkeit ei-
ne untrennbare Einheit bilden sollten. Bei den Wie-
ner Vorlesungen ist dies immer wieder ausgezeich-
net gelungen.

Das Reizvolle an den Vorlesungen, die mittler-
weile zu einem intellektuellen Jour fixe im Rathaus
geworden sind, besteht für mich vor allem darin,
visionäre Persönlichkeiten zu gewinnen, die über
die manchmal sehr engen Grenzen der einzelnen
Disziplinen hinauszugehen vermögen. Es ist immer
wieder gelungen, »Querdenker« im Rathaus zu
Wort kommen zu lassen, die Anstöße dazu geben,
vertraute Probleme in einem neuen Licht zu sehen,
Anstöße, damit – was in vielen Bereichen sehr not-
wendig ist – das Denken die Richtung wechseln
kann. Denn die kritische Analyse der Verhältnisse

in emanzipatorischer und aufklärerischer Absicht ist für mich immer eine wichtige Aufgabe der Wissenschaft gewesen. In diesem Sinne freue ich mich über die Publikation der Wiener Vorlesungen, die die Impulse der Vorträge und Diskussionen in eine größere Öffentlichkeit trägt und dem gesprochenen Wort die Dauer der geschriebenen Worte verleiht.

URSULA PASTERK,
STATDRÄTIN FÜR KULTUR

VORWORT

Ein Hauptanliegen der Wiener Vorlesungen ist es, Anstöße dazu zu geben, jenes vielschichtige Gebäude, welches die Identität Österreichs, aber auch die Identität Wiens ausmacht, einer genauen Ausleuchtung zu unterziehen. Eine gegenwartsbezogene Hauptfunktion der Geschichtswissenschaft – dort, wo sie auch Aufgaben einer politischen Bildung wahrnimmt – liegt fraglos in der Analyse all jener politischen, sozialen und kulturellen Strukturen, die die Gegenwart bestimmen. Probleme, mit denen wir heute konfrontiert sind, kann man nur bewältigen, wenn man ihre Herkunft kennt. Mit Marguerite Duras kann man postulieren: »Wir müssen uns erinnern, sonst wird sich alles wiederholen.« Die Arbeit einer kritischen Geschichtsforschung hat nicht nur wissenschaftlichen und dokumentarischen Wert; sie gehört auch zur notwendigen Psychohygiene eines Gemeinwesens. Man muß auch bereit sein, unbequeme Fragen zu stellen, deren Beantwortung manchmal nicht angenehm ist und weh tut.

Im Hinblick auf die Erste Republik, den Austrofaschismus und den Nationalsozialismus hat es in der Zeit nach 1945 im Umgang mit Geschichte an den Universitäten, vor allem auch in den österreichischen Schulen, viele Tabus und blinde Flecken gegeben. Erst die zeitliche Distanz, aber auch das Ende der beiden großen politischen Lager in Österreich und ihrer Ideologien haben eine Aufarbeitung sine ira et studio möglich gemacht. In den letzten 20 Jahren haben eine Reihe österreichischer Historikerinnen und Historiker, allen voran Erika Weinzierl, das Postulat formuliert, daß Geschichte eine zentrale Aufgabe im Zusammenhang mit der Sicherung der demokratischen Grundwerte hat.

Besonders in den letzten Jahren ist uns bewußt geworden, wie mächtig Geschichte ist. Die Dynamik der Geschichte ist nicht verloren gegangen, wie das Fukuyama vermutet hat, Geschichte ist virulenter denn je. Und die Geschichte lebt in den individuellen Geschichten einzelner Menschen, in der Geschichte der Strukturen, in der Geschichte der Mentalitäten. Was wir tun können, ist, diese Geschichte zu bedenken, Spuren zu sichern, die Vorgeschichte des Gegenwärtigen aufzurollen. Dies kann in einer persönlichen Anstrengung, die jeder einzelne leisten muß, in einem Dialog zwischen den Generationen, in einer engagierten Arbeit der Wissenschaft, der Medien und der Erwachsenenbildung erfolgen. Dabei gilt natürlich, weder von einer »Stunde Null« noch von der »Gnade der späten Geburt« zu sprechen. Der Kontinuitätsfaktor Mensch existiert über diese Bruchlinien hinweg und mit ihm Mentalitäten, Wertvorstellungen, Grundhaltungen.

Die Ereignisse des Februar 1934 haben für die Geschichte Österreichs in einer doppelten Weise eine wichtige Rolle gespielt. Sie stehen fraglos in einem Zusammenhang mit der Formung der politischen Landschaft in Österreich vor dem Anschluß, sie stehen in einem Zusammenhang mit der ambivalenten Haltung Österreichs und der Österreicher gegenüber dem Nationalsozialismus, sie haben aber auch wesentlich das Klima der Sozialpartnerschaft in der Zeit nach dem Krieg mitgeprägt.

Wir sind Erika Weinzierl in vielfacher Hinsicht dankbar. Sie ist eine jener kritischen Persönlichkeiten Österreichs, die sich nie in einen hermetisch abgeschlossenen elfenbeinernen Turm der Wissenschaft zurückgezogen haben. Für sie waren Forschung und Vermittlung an Studenten, an Schüler, an Erwachsene im Wege der Volksbildungseinrichtungen und der Medien immer voneinander untrennbare Aufgaben.

Die jüngere Vergangenheit Österreichs – Bürgerkrieg, Austrofaschismus, Nationalsozialismus – wurde durch die österreichischen Schulen sehr lange fast zur Gänze ausgeblendet. Wissen, Meinungen und Haltungen zu dieser Zeit waren fast ausschließlich die unkritische Widerspiegelung der Auffassungen und Meinungen der Eltern, die in der einen oder anderen Weise sehr persönlich betroffen waren. Zu einer Aufarbeitung der jüngeren Vergangenheit auf breiter Basis und einer Vermittlung auch in den Schulen kam es wohl erst seit den späten siebziger Jahren. Erika Weinzierl ist eine herausragende Exponentin dieser Entwicklung.

HUBERT CHRISTIAN EHALT

DER FEBRUAR 1934
UND DIE FOLGEN FÜR ÖSTERREICH

Siege haben viele Väter, Niederlagen nicht. Für sie werden jeweils andere als Sündenböcke gesucht. Werden sie nicht gefunden, werden sie »gemacht«. Die Erinnerung an Siege sind Feste, Niederlagen bewirken im besten Fall kritisches Nachdenken, meistens aber Rache- und Vergeltungswünsche. Sie setzen meist neues, größeres Unrecht verursachende Entwicklungen in Gang. Historikern kommt dabei oft »rechtfertigende« Funktion zu. Daß sie sich dieser nicht entziehen, zeigt die österreichische Historiographie der Ersten Republik. In Entlastungen und Schuldzuweisungen bestand ihre indirekte politische Bedeutung.

Die Historiker, die nach 1945 mit der Aufarbeitung der Zeitgeschichte, ab 1960 im besonderen der Geschichte der Ersten Republik, begannen, folgten in ihren Arbeiten der These der »geteilten Schuld«. Sie gehörte zu jenen Entlastungen, die die Zusammenarbeit der einstigen Gegner in der Ersten Republik elf Jahre nach dem Bürgerkrieg vom Februar 1934 möglich machten. Der »Großen Koalition« entsprach die »Koalitionsgeschichtsschreibung«. Die nächste Historiker-Generation, die schon in ihren Dissertationen zeitgeschichtliche Themen behandelte, begann bereits mit der kritischen Aufarbeitung bislang tabuisierter oder sensibler Fragen. Zu ihnen gehört auch trotz einer Reihe von neuen, einschlägigen in- und ausländischen Publikationen noch immer der Bürgerkrieg im Februar 1934.

Tatsächlich ist eine differenzierte, nicht »Schuld zuweisende«, sondern Verantwortung aufzeigende Darstellung nicht leicht. »Zeitzeugen« vermitteln nach wie vor sehr unterschiedliche Interpretationen. Dennoch habe ich die Einladung der Stadt Wien, anläßlich des 60. Jahrestages des 12. Februar 1934 eine Wiener Vorlesung zu halten, ohne Zögern angenommen, weil er meine erste, bis heute nicht vergessene politische Erinnerung ist. Ich war damals noch nicht neun Jahre alt, als ich zum ersten Mal allein an einem kalten Februartag mit einem strahlend blauen Himmel Zucker und Petroleum einkaufte. Wir wohnten in Mariahilf, in der Millergasse, die Luft dröhnte von den Einschlägen der Artilleriegeschosse im Karl-Marx-Hof und anderen großen Gemeindebauten. Das war auch den einkaufenden bürgerlichen Hausfrauen bekannt:

»Jetzt schießen's auf die Gemeindebauten«, sagten sie bedrückt. Mein Vater, ein toleranter, humanistischer, gemäßigter sozialdemokratischer Lehrer, war blaß, still und zutiefst deprimiert. Für mich war daher von 1945 an – trotz befriedigender Erfahrung mit Alleinregierungen – bis zum heutigen Tag die Zusammenarbeit der beiden großen politischen Parteien eine fundamentale Voraussetzung für die Wiedererrichtung der Zweiten, demokratischen Republik. Natürlich kann und soll ihre politische Kultur wieder zunehmen. Eine dritte, autoritäre Republik wollen und brauchen wir nicht.

Diese Einleitung war relativ ausführlich. Dennoch hoffe ich, daß Sie verstehen, warum ich diese Wiener Vorlesung über ein tragisches Kapitel der österreichischen Zeitgeschichte mit ihr begonnen habe.

*

Die Vorgeschichte des Februar 1934 reicht bis zur Errichtung der Ersten Republik im November 1918 zurück. Hier kann sie nur verkürzt dargestellt werden, unterscheidet sich aber in ihrer Interpretation von manchen anderen Autoren. Die Staatsgründung war das Ergebnis der Regierungsverzichtserklärung von Kaiser Karl und der parlamentarischen Zusammenarbeit der großen Parteien aus den deutschsprachigen Teilen des zerfallenen Vielvölkerstaates der Habsburgermonarchie infolge der Niederlage der Mittelmächte im Ersten Weltkrieg. Eine Revolution »im üblichen Sinn« fand nicht statt, außer man betrachtet den Übergang von der Monarchie zur Republik und soziale Veränderungen als revolutionäre Vorgänge, was vor allem Verfassungsrechtler vertreten. Von den ersten Wahlen im Februar 1919, bei denen die Sozialdemokraten die meisten Stimmen erhalten hatten, bestand bis Juni 1920 eine Koalition der Sozialdemokratischen und Christlichsozialen Partei unter der Führung des gemäßigten Sozialdemokraten Dr. Karl Renner. Der Regierung oblag der Abschluß des Friedensvertrags von St. Germain 1919 und weitreichende Vorarbeit für die Verfassung 1920. Elend und Not der Nachkriegszeit in allen Bereichen waren so groß, daß der kleinen, von ihren Bürgern nicht für lebensfähig gehaltenen Republik ihre politische Selbständigkeit nur durch das Veto der Siegermächte gegen einen Anschluß an Deutschland erhalten blieb. Kurze kommunistische Putschversuche 1919 wurden durch die Polizei und die mit ihr zusammenarbeitende sozialdemokratische Parteiführung niedergeschlagen. Für sie war die Einheit der Partei oberstes Ziel. Otto Bauer, Karl Leuthner und andere haben für deren Erhaltung einen Verbalradikalismus entwickelt, der ihrer realen Politik keineswegs entsprach, die politischen Gegner aber dennoch in Furcht und Schrecken versetzte. Kirche, Bürger, Bauern sahen in den Sozialdemokraten Vorposten des Bolschewismus.

Nach der Sanierung der Währung mit Hilfe einer Völkerbundanleihe von 1922 und einer merkbaren Erholung der Wirtschaft waren die mittleren zwanziger Jahre die ruhigste Zeit der Ersten Republik. Die Feindschaft der bewaffneten Parteiarmeen, des Republikanischen Schutzbundes, der Heimwehren und Frontkämpfervereinigungen war dennoch latent vorhanden. 1922 schloß der christlichsoziale Parteiführer und Bundeskanzler Seipel auch ein Koalitionsabkommen mit den Großdeutschen, das bis 1932 aufrechterhalten wurde. 1926 erregte das neue sozialdemokratische »Linzer Programm« mit einem meist verkürzt zitierten Absatz bei den politischen Gegnern Aufsehen und Vermehrung der

Furcht vor den Linken. Er lautete: »Wenn sich aber die Bourgeoisie gegen die gesellschaftliche Umwälzung, die die Aufgabe der Staatsmacht der Arbeiterklasse sein wird, durch gewaltsame Auflehnung, durch Verschwörung mit ausländischen gegenrevolutionären Mächten widersetzen sollte, dann wäre die Arbeiterklasse gezwungen, den Widerstand der Bourgeoisie mit den Mitteln der Diktatur zu brechen.« Weniger Angst bewirkte das im christlichsozialen Parteiprogramm aus dem gleichen Jahr enthaltene Bekenntnis zur »Kulturgemeinschaft des deutschen Volkes« und zur Verdrängung des »zersetzenden« Einflußes des Judentums »aus dem Geistes- und Wirtschaftsleben des deutschen Volkes«.

Der 15. Juli 1927 war der Wendepunkt: Der Freispruch von zwei Mitgliedern der Frontkämpfervereinigung, die am 30. Jänner im burgenländischen Schattendorf einen Kriegsinvaliden und ein Kind erschossen hatten, am 14. Juli, und der aufrüttelnde Protest von Friedrich Austerlitz im Leitartikel der Arbeiter-Zeitung am 15. Juli hatten eine von der sozialdemokratischen Parteiführung nicht geplante und nicht erwartete emotionsgeladene Massendemonstration mit der Brandstiftung des Justizpalastes zur Folge. Der Wiener Polizeipräsident Schober zerschlug mit der Genehmigung des christlichsozialen Bundeskanzlers Prälat Seipel die Demonstration durch den Einsatz bewaffneter Polizei. 89 Tote, davon vier Angehörige der Exekutive, ungefähr 600 Schwer- und 100 Leichtverletzte waren die Folgen. Der in Wien und den Bundesländern von Sozialdemokraten ausgerufene Verkehrsstreik wurde unter Mitwirkung der Heimwehr, die sich als Hilfspolizei betätigte, rasch beendet. Seipel, das bürgerliche Lager, vor allem aber die Heimwehr waren die Sieger. Das von den Sozialdemokraten bis dahin behauptete »Recht auf die Straße« gehörte ihnen nicht mehr. Von nun an waren sie in der Defensive. In der neueren Forschung wird die Bedeutung des 15. Juli und der Heimwehr für die politische Entwicklung bis zum Bürgerkrieg stärker betont, als dies früher der Fall war. Seit Ende der zwanziger Jahre von Italien und Ungarn mit Waffen und Geld ausgestattet, war sie, wenn auch oft zerstritten, eine – von der nieder- und der oberösterreichischen abgesehen – faschistische Bewegung, die ihren Anspruch auf die Macht im Staat im Korneuburger Eid vom 18. Mai 1930 radikal formulierte. Das Jahr 1931 wurde jedoch von der Krise der Creditanstalt und von den nun auch Österreich voll treffenden Folgen der Weltwirtschaftskrise von 1929 sowie vom Scheitern des deutsch-österreichischen Zollunionsvertrages am Veto Italiens, Jugoslawiens und der SR überschattet. In dieser Situation war es für die Christlichsoziale Partei schwierig, eine stabile Regierung zu bilden. Daher bot der 1928 vom Bundeskanzleramt zurückgetretene und nun wieder mit einer Regierungsbildung beauftragte Prälat Seipel 1931 den Sozialdemokraten den Eintritt in eine Konzentrationsregierung an. Sie sollte unter seinem Vorsitz aus vier Sozialdemokraten, drei Christlichsozialen, einem Großdeutschem und einem Landbündler bestehen. Der Zweck dieses befristeten Angebots war klar: die Einbindung der Sozialdemokraten in die Verantwortung für das erforderliche Krisenmanagement. Die sozialdemokratische Führung, auch Karl Renner, lehnte das Angebot einstimmig ab. Die Bewertung von Angebot und Ablehnung ist noch heute in der zeitgeschichtlichen bzw. politikwissenschaftlichen Forschung Gegenstand konträrer Beurteilung.

Welcher Interpretation man auch zustimmt – letzte Chance der Sozialdemokratie zur Rettung der Demokratie oder Ablehnung eines für die Partei schädlichen Angebotes – es war zu spät. Ebenfalls nicht einig ist man daher in der Beurteilung der Politik Seipels. Der christlichsoziale Parteiobmann (1921-1928), Sozialminister im letzten Kabinett der Monarchie, in den zwanziger Jahren mehrmals Bundeskanzler und Prälat, war die bedeutendste Persönlichkeit der Christlichsozialen Partei. Für sie und die Kirche hat er viel erreicht. Er war maßgeblich am Zustandekommen der Verzichtserklärung von Kaiser Karl und der Verfassung von 1920 beteiligt. 1922 erreichte er die Völkerbundanleihe, mit der er gemeinsam mit seinem Finanzminister Kienböck die Sanierung der österreichischen Währung durchführte. Seine Rede am 16. Juli 1927 im Parlament brachte ihm bei seinen politischen Gegnern den Titel des »Prälaten ohne Milde« ein. Unter seinem Eindruck traten noch 1927 über 20.000 Katholiken aus der Kirche aus. Ende der zwanziger Jahre wandte sich auch Seipel im Zuge der ganz Mitteleuropa erfassenden faschistischen Welle von der »formalen Demokratie« ab und favorisierte kurze Zeit die Heimwehr. Insgesamt war Seipel die Verkörperung des »Politischen Katholizismus« der Ersten Republik.

Die Nationalsozialisten mit ihrem Führer Adolf Hitler waren zu diesem Zeitpunkt auch in Österreich im Vormarsch. Bei den Novemberwahlen 1930 hatte die Nationalsozialistische Deutsche Arbeiter-Partei, die NSDAP, zwar über 100.000 Stimmen erhalten, aber noch kein Mandat für den Nationalrat erreichen können. Bei den Landtagswahlen in Wien, Niederösterreich, Salzburg, Kärnten und der Steiermark im April 1932 stiegen die Stimmen für die Nationalsozialisten jedoch zum Teil auf das Sechsfache an. Insgesamt haben damals 336.000 Österreicher nationalsozialistisch gewählt, von denen der weitaus größere Teil aus dem großdeutschen Lager kam, aber auch die Christlichsozialen und vor allem die Heimwehr mußten Stimmeneinbußen in Kauf nehmen, während die Sozialdemokraten ungefähr bei ihrer früheren Wählerzahl blieben. Dieses Ergebnis verstärkte die seit 1930 latente Angst der Christlichsozialen Partei vor Neuwahlen für das Parlament, die nunmehr die Sozialdemokraten und die Nationalsozialisten forderten. Wahlen zu verhindern, war schon das Ziel des christlichsozialen Bundeskanzlers Buresch gewesen. Dollfuß hat es erreicht: um den Preis der Zerstörung der parlamentarischen Demokratie. Als

Dollfuß, ein mutiger, tiefgläubiger Katholik, aber zuvor niemals im Parlament, im Mai 1932 Bundeskanzler wurde, war er noch nicht eindeutig auf einen autoritär-faschistischen Kurs festgelegt. Selbst die Heimwehr, obwohl in seinem Kabinett seit Herbst 1932 mit zwei prominenten Führern, Emil Fey und Odo Neustädter-Stürmer, vertreten, war sich seiner zunächst noch keineswegs sicher, wie man aus den Verhandlungen Starhembergs mit Ungarn und Italien weiß. Sogar ein Teil der Heimwehr hielt angesichts des wachsenden Drucks der Nationalsozialisten eine schwarz-rote Koalition für möglich, die ja zweifellos die besten Abwehrchancen geboten hätte. Ein Zusammengehen von Dollfuß mit den Nationalsozialisten war seit seiner entschiedenen Wendung zur Bejahung und Bewahrung der Eigenstaatlichkeit Österreichs in seinem Kampf um die Anleihe von Lausanne fast unmöglich geworden. Den Weg zu den Sozialdemokraten versperrten ihm jedoch immer mehr persönliche und politische Motive. Seine Abneigung gegen das Parlament, in dem ihn die Sozialdemokraten nicht geschont hatten, spielte dabei eine nicht unmaßgebliche Rolle. Sie wurde verstärkt durch den Widerstand, den die Opposition im Herbst 1932 gegen den Budgetvoranschlag des darauffolgenden Jahres leistete. Dollfuß sprach daher bereits im Oktober 1932 von der Notwendigkeit, »selbst ohne vorherige endlose parlamentarische Kämpfe sofort gewisse dringliche Maßnahmen in die Tat umzusetzen«.

Den Weg dazu ebnete die zur selben Zeit von Justizminister Dr. Kurt Schuschnigg aufgrund des kriegswirtschaftlichen Ermächtigungsgesetzes vom Juli 1917 erlassene Verordnung über die Haftung der verantwortlichen Funktionäre der Creditanstalt für die durch die Geschäftsführung eingetretenen Verluste. Das Ermächtigungsgesetz war nie außer Kraft gesetzt worden und daher gültig. Sich seiner zu bedienen, ging auf die Vorschläge des juristischen Beraters von Vaugoin und dann von Dollfuß, Sektionschef Dr. Robert Hecht, zurück. Erst jetzt wurde den Sozialdemokraten völlig klar, welche Möglichkeiten es der Regierung bot. Sie beantragten daher im Oktober 1932 im Parlament vergeblich seine Aufhebung.

Das innenpolitische Klima wurde durch eine Korruptionsaffäre im Zusammenhang mit Waffenlieferungen der Hirtenberger Munitionsfabrik noch weiter verschlechtert. Über die sozialdemokratische Presse wurde damals bekannt, daß der Generaldirektor der Bundesbahnen versucht hatte, den Vorsitzenden der Eisenbahnergewerkschaft durch Bestechung zur Weiterleitung von Waffen aus Italien nach Ungarn zu bewegen, was von den Siegermächten untersagt worden war. Die Aufregung über die Verletzung der Friedensverträge von St. Germain und Trianon legte sich in der Presse des In- und Auslandes jedoch rasch. Seit dem 30. Jänner 1933 hatte Europa andere Sorgen.

Die Machtergreifung Hitlers wirkte sich sofort auf das Verhalten der österreichischen Nationalsozialisten aus. Sie verstärkten ihre Forderungen nach Neuwahlen, veranstalteten Massenkundgebungen und waren mit Hilfe deutschen Geldes propagandistisch aktiv wie nie zuvor. Beim Streik der Eisenbahner Anfang März 1933 gegen die Auszahlung der März-Gehälter in drei Raten schürten vor allem die nationalsozialistischen Eisenbahnergewerkschafter die Erregung. Die Vorgänge bei der Brechung des Streiks durch die Polizei veranlaßten die großdeutsche und sozialdemokratische Opposition am 4. März 1933 im Parlament zu Mißtrauensanträgen gegen die Regierung, die nur über eine Majorität von einer einzigen Stimme verfügte.

In dieser für Dollfuß äußerst prekären Situation

konnten sich die Mandatare über einen Formfehler bei der Abstimmung nicht einigen. Der sozialdemokratische Erste Präsident Renner legte daraufhin auf Rat von Robert Danneberg sein Amt nieder. Ihm folgten der christlichsoziale Zweite Präsident Rudolf Ramek und der großdeutsche Dritte Präsident Sepp Straffner, jeder unter begeistertem Applaus seiner Parteifreunde. Niemand war sich der Tragweite dieses Parteienstreits bewußt, der wegen einer das Schicksal der österreichischen Regierung entscheidenden Stimme ausgebrochen war. Auch die Geschäftsordnung hatte diesen Fall nicht vorgesehen. Nur Dollfuß erkannte, daß ihm die augenblickliche Aktionsunfähigkeit des Parlaments die Chance gab, sich seiner Fesseln zu entledigen. Er bot dem christlichsozialen Bundespräsidenten seinen Rücktritt an. Miklas – trotz der Verfassungnovelle von 1929 nicht vom Volk, sondern von der Bundesversammlung im Oktober 1931 wieder gewählt – betraute ihn jedoch sofort mit der Weiterführung der Regierung und begab sich damit seiner einzigen Möglichkeit zur Wiederaktivierung des Parlaments.

Schon am 7. März 1933 erließ die Regierung eine Kundmachung, in der es hieß, daß sie von der »Selbstausschaltung« des Parlaments nicht betrof-

fen sei; die Parlamentskrise sei keine Staatskrise.
Am selben Tag hatte der Klubvorstand, der christlichsoziale Arbeitervereinsführer Leopold Kunschak eingeschlossen, Dollfuß für die Ausschaltung des Parlaments grünes Licht gegeben. Auch
der Ministerrat hat sich am 7. März nicht gegen die
Ausschaltung ausgesprochen, sondern ein Ver-
sammlungsverbot beschlossen. Im Ministerrat am
9. März sprach sich nur Vizekanzler Winkler
(Landbund) dagegen aus. Im Klubvorstand äußer-
ten später nur einige Bundesländervertreter, die
Oberösterreicher Aigner und Schlegel und der
Kärntner Monsignore Paulitsch, Bedenken gegen
eine dauernde Ausschaltung des Parlaments.

Die vom Präsidenten Straffner für den 15. März
einberufene Parlamentssitzung wurde durch die
Regierung verhindert. Kriminalpolizei ließ die Abgeordneten nicht in den Sitzungssaal. Bereits vor
der Aktion der Polizei eingetroffene sozialdemokratische und großdeutsche Mandatare verließen
das Parlament unter Protest. Zudem bestanden
noch der Hauptausschuß des Nationalrats und der
Verfassungsgerichtshof, der durch den Rücktritt
der christlichsozialen Mitglieder im Mai aktions-
unfähig gemacht wurde. Wie auch immer, vom 12.

März an erließ die Regierung in rascher Folge eine Reihe von Verordnungen aufgrund des kriegswirtschaftlichen Ermächtigungsgesetzes. Die ersten waren Notverordnungen zum Schutz des Gewerbes, zur Aufbesserung des Staatshaushalts und zur Einschränkung der Presse- und Versammlungsfreiheit. Die Opposition – Sozialdemokraten, Großdeutsche und Nationalsozialisten – protestierte nach dem 15. März heftig, aber vergeblich gegen das Vorgehen der Regierung, die am 9. März den Maßnahmen zugestimmt hatte.

Den Bedenken in den eigenen Reihen, darunter auch jenen von Bundespräsident Miklas, begegnete Dollfuß mit dem Hinweis auf den Zweifrontenkrieg, den er gegen Nationalsozialismus und Marxismus zu führen gezwungen sei. Dieses Argument verfehlte seine Wirkung nicht nur in der eigenen Partei nicht – auch Karl Kraus, der 1927 Schober auf Plakaten zum Rücktritt aufgefordert hatte, griff deshalb den neuen politischen Kurs nicht an.

Da das Ergebnis der deutschen Wahlen vom 5. März 1933 die Herrschaft Hitlers besiegelt hatte, vermied die sozialdemokratische Parteiführung angesichts der drohenden nationalsozialistischen Gefahr offenen Widerstand und Generalstreik – sogar

nach der Auflösung des Republikanischen Schutzbundes am 31. März 1933. Trotzdem suchte Dollfuß Schutz und Stärkung im Ausland. Er fand sie
in Ungarn und Italien. England und Frankreich be-
ließen es dagegen, auf diplomatischem Weg die
österreichische Regierung ergebnislos von zu har-
ten Maßnahmen gegen die Sozialdemokraten abzu-
halten. Letztlich waren sie entschlossen, Dollfuß,
dem Kämpfer gegen den Nationalsozialismus, keine ernsten Schwierigkeiten zu bereiten.

Der Führer der italienischen Faschisten, Mussolini, hatte Dollfuß schon bei dessen erstem Besuch
in Rom zu Ostern 1933 seine Unterstützung bei der
Wahrung der Selbständigkeit Österreichs zugesagt.
Dafür forderte er ein energisches Vorgehen des
Kanzlers gegen die österreichischen Sozialdemokraten. Am 1. Juli 1933 schrieb Mussolini an Dollfuß, daß er sich zwar den Opportunitätsgründen
nicht verschließe, die diesen veranlaßt hätten, bis
jetzt gegen die Sozialdemokratische Partei nicht so
entschlossen zu handeln, wie es in seinem Programm für den inneren Aufbau Österreichs vorgesehen sei. Trotzdem glaube er, daß Besorgnisse
parlamentarischer Natur »heute in die zweite Linie
rücken müssen« und die Zerschlagung der Linken,

für die er ihm seine zehnjährigen Erfahrungen zur Verfügung stelle, unvermeidbar sei. Es bestehe sonst die Gefahr, meinte Mussolini weiter, daß der Nationalsozialismus für sich in Anspruch nehme, der einzige Retter vor dem Marxismus zu sein. Daraufhin teilte Dollfuß am 22. Juli Mussolini mit, daß er vor allem nach der ehestmöglichen Verwirklichung des autoritären Regimes in Österreich strebe. Die Ausarbeitung einer ständischen Verfassung habe er bereits in Auftrag gegeben. Nach der Ausschaltung der Linken wolle die österreichische Regierung ein eigenes österreichisches Nationalbewußtsein entwickeln, wobei die im Mai von Dollfuß gegründete und unter seiner Führung stehende »Vaterländische Front« eine wichtige Rolle spielen werde. Nach ungarisch-italienischen Verhandlungen Ende Juli in Rom über die engere Zusammenarbeit Italiens, Ungarns und Österreichs fuhr Dollfuß auf Mussolinis Wunsch am 19. August nach Riccione, wo ihn Mussolini zur Durchführung der Verfassungsreform, zum Ausbau der »Vaterländischen Front« und zum energischen Kampf gegen den Marxismus verpflichtete. Wenige Tage später fuhr auch Starhemberg nach Rom, um den Einfluß Mussolinis für eine noch stärkere Radikalisierung der österreichischen Innenpolitik zu gewinnen. Mussolini schrieb dann tatsächlich am 9. September an Dollfuß: »Es ist notwendig, in entscheidender Weise den Weg der Faschisierung des österreichischen Staates einzuschlagen.« Dafür sei auch die Entfernung der beiden noch in der Regierung befindlichen Vertreter des Landbundes erforderlich, heißt es in dem Mussolini-Brief weiter. Schon zwei Tage später proklamierte Dollfuß auf einer Kundgebung der »Vaterländischen Front« auf dem Wiener Trabrennplatz sein neues Regierungsprogramm. Die Kundgebung gehörte jedoch nicht zu den Veranstaltungen des damals in Wien stattfindenden Allgemeinen Deutschen Katholikentages, an dem die deutschen Katholiken wegen der mittlerweile von Hitler über Österreich verhängten Tausend-Mark-Sperre nicht teilnehmen konnten. Dollfuß sagte in seiner Rede ausdrücklich: »... wir wollen einen sozialen, christlichdeutschen Staat auf ständischer Grundlage mit einer starken autoritären Führung.«

Dollfuß berief sich dabei auf die Sozial-Enzyklika von Papst Pius XI., »Quadragesimo anno« von 1931, in der der ständische Aufbau der Gesellschaft empfohlen worden war: »Das kleine Österreich wird beweisen, daß es als erstes Land der Welt bereit ist, dem Ruf der Enzyklika Folge zu leisten«, führte Dollfuß weiter aus. Noch im September 1933 erfolgte die von Mussolini gewünschte Regierungsumbildung. Der Landbund wurde ausgeschaltet, der Heimwehrführer Emil Fey wurde Vizekanzler, Starhemberg löste die Partei des Heimatblocks auf und trat mit der Heimwehr geschlossen in die »Vaterländische Front« ein, deren stellvertretender Führer er wurde.

Das wieder durch eine Notverordnung der Regierung am 28. Dezember 1933 in Kraft gesetzte Budget für 1934 enthielt bereits erhöhte Ausgabenansätze für Heer und Polizei. Trotzdem schob Dollfuß die gewaltsame Auseinandersetzung mit den Sozialdemokraten länger auf, als Mussolini und die Heimwehr es wünschten.

Im Oktober hatte der tschechoslowakische Ministerpräsident Eduard Benesch, so wie schon im Frühsommer der französische Ministerpräsident, für einen Modus vivendi mit den Sozialdemokraten bei Dollfuß interveniert und vor einem Bürgerkrieg gewarnt. Die österreichische Sozialdemokratie ihrerseits, die das Schicksal ihrer großen Bruderpartei im Deutschen Reich vor Augen hatte, scheute vor einem offenen Zusammenstoß mit der Staatsgewalt zurück. Schon im Mai 1933 hatte sie den seit 1918 intensiv vertretenen Wunsch nach dem Anschluß aus ihrem Programm gestrichen.

Der sozialdemokratische Parteitag im Oktober 1933 beschloß zwar den Kampf für den Fall einer Verfassungsänderung, der Einsetzung eines Regierungskommissärs für Wien, der Auflösung der Partei und der Gleichschaltung der freien Gewerkschaften. Die Parteiführer versuchten jedoch, das Eintreten dieser Situation durch weitgehende Zugeständnisse zu verhindern. Renner und Vertreter der als Pragmatiker bekannten niederösterreichischen Sozialdemokraten verhandelten mit christlichsozialen Abgeordneten. Renner entwarf ein Staatsnotstandsgesetz, das der Regierung auf fünf Jahre alle Vollmachten übertragen und nur den Schutz des Wahlrechts und die Koalitionsfreiheit garantieren sollte. Schließlich machte sogar Otto Bauer in der »Arbeiter-Zeitung« seine Bereitschaft zur Anerkennung berufsständischer Elemente in der neuen Verfassung kund. Auch dem christlichsozialen Unterhändler mit den sozialdemokratischen Führern, Emmerich Czermak, kamen diese im Dezember 1933 weit mehr entgegen, als Dollfuß erwartete. Als der Kanzler davon hörte, sagte er jedoch: »Das wäre sehr schön, aber wenn ich das tue, wirft mich Mussolini Hitler in den Rachen.«

Wenige Wochen später, Mitte Jänner 1934, schickte Mussolini seinen Unterstaatssekretär im Außenamt, Fulvio Suvich, nach Wien, um die Einlösung der in Riccione gegebenen Versprechen zu fordern. Der Kanzler zögerte aber noch immer. Seine Rede vor dem christlichsozialen Parteitag am Tag nach dem Besuch von Suvich klang sogar eher nach Versöhnung. Die Heimwehr dagegen wartete nur auf den Moment des Zuschlagens. Schon am 10. Jänner hatte Starhemberg erklärt, daß die »restlose Niederwerfung des Austro-Bolschewismus, die Befreiung der Heimat von verantwortungslosen nationalsozialistischen Terroristen« zu den Zielen des österreichischen Heimatschutzes gehörten.

Nach dem Besuch von Suvich ließ die Heimwehr keinen Zweifel daran bestehen, daß sie jedenfalls zur Verwirklichung des erstgenannten Zieles entschlossen sei, und forcierte ihre Suche nach Waffen in ehemaligen Schutzbund-Lokalen und in sozialdemokratischen Parteiheimen. Dollfuß ließ sie gewähren. Daß die fortgesetzten Provokationen der

Sozialdemokraten durch die Heimwehr in Kürze zu einer gewaltsamen Reaktion führen mußten, war jedoch nicht nur ihm klar. Anfang Februar 1934 rechneten die in Wien akkreditierten ausländischen Diplomaten bereits mit dem Bürgerkrieg. Die gemäßigten Politiker auf beiden Seiten versuchten noch im letzten Moment, das drohende Unheil abzuwenden.

Der Sozialdemokrat Oskar Helmer überbrachte am 7. Februar einem Freund des Kanzlers einen Kompromißvorschlag Renners, der eine enorme Stärkung der Position des Bundespräsidenten vorsah.

Am 9. Februar 1934 richtete Leopold Kunschak im Wiener Gemeinderat einen eindringlichen Appell an die beiden großen Parteien, die Gegensätze zurückzustellen und gemeinsam gegen den Nationalsozialismus zu kämpfen. Er schloß mit den bewegenden Worten: »Gebe Gott, daß die Wunden, die Geist und Seele unseres Volkes und seiner Führer zerreißen, bald geheilt sein werden, ehe Volk und Land an Gräbern steht und weint.« Die nächste Zukunft gehörte jedoch nicht dem politisch notwendigen und vernünftigen Kompromiß, sondern der Gewalt. Am 11. Februar 1934 betonte Emil

Fey bei einer Kundgebung der Heimwehr in Groß-Enzersdorf, daß der Bundeskanzler ganz auf ihrer Seite stünde. Fey rief aus: »Österreich über alles, weil wir vom Heimatschutz es wollen! ... Wir werden morgen an die Arbeit gehen und ganze Arbeit leisten.« Nach der Meinung von Heinrich Drimmel, des langjährigen Unterrichtsministers in der Zweiten Republik, sei die verkürzt tradierte Rede allerdings gegen die Nationalsozialisten gerichtet gewesen. Am selben 11. Februar, an dem die Polizei schon in ganz Österreich planmäßige Waffensuchen vornahm und Schutzbundführer verhaftete, teilte der Kommandant des oberösterreichischen Schutzbundes, Richard Bernaschek, den sozialdemokratischen Spitzenpolitikern Otto Bauer und Julius Deutsch mit, daß er entschlossen sei, das Zeichen zum bewaffneten Widerstand zu geben.

Am 12. Februar wurde das Linzer Parteiheim im Hotel Schiff nach Waffen durchsucht. Bernaschek setzte sich mit Schüssen zur Wehr. Das Signal zum Aufstand war gegeben. In Wien, Wiener Neustadt, Steyr, in St.Pölten, Kapfenberg, Bruck an der Mur und Wörgl, also vor allem in den Industriezentren des Landes, kam es zu bewaffneten Erhebungen des Schutzbundes, obwohl Renner und Körner noch jetzt vermitteln wollten und beim Bundespräsidenten und beim niederösterreichischen Landeshauptmann vorsprachen. Engelbert Dollfuß setzte das Heer und die Polizei zur Niederwerfung der Unruhen ein. Dabei kam es zu heftigen Gefechten, an denen sich die Heimwehr an der Seite der Exekutive beteiligte.

Die Regierung verfügte potentiell über mehr als 100.000 Mann (Bundesheer, Exekutive, Heimwehr und sonstige Kampfverbände), von denen insgesamt ca. 22.000 Mann in Wien zum Einsatz kamen, der Schutzbund theoretisch über ca. 40.000, doch griff nur ein Teil der etwa 17.000 Wiener Schutzbündler wirklich zu den Waffen. Die Ausrufung des »Generalstreiks« wurde nur vom Wiener Elektrizitätswerk befolgt. Die Mehrheit der sozialdemokratischen Arbeiter war nicht mehr kämpferisch-revolutionär eingestellt. Seit 1927 in die Defensive gedrängt, hatte die Parteiführung in verstärktem Maß die »radikale Phrase« gebraucht, der sie jedoch nie die radikale Tat folgen ließ. Ihre Anhänger hatten sich so an diese Taktik gewöhnt, daß sich am Entscheidungskampf um die Existenz der Partei nur eine Minderheit beteiligte. Diese kämpfte allerdings tapfer und erbittert. Sie verschanzte sich in Parteiheimen und Gemeindebauten, wie z.B. im Karl-Marx-Hof in Wien, gegen den schließlich schwere Artillerie eingesetzt wurde. Über Wien, Niederösterreich, Oberösterreich, die Steiermark und über Kärnten wurde der Ausnahmezustand verhängt.

Nach zwei Tagen brach der Widerstand des Schutzbundes zusammen, die Übermacht der anderen Seite war zu groß. Am 14. Februar um 23 Uhr sicherte Dollfuß über den Rundfunk den noch Kämpfenden Pardon zu, wenn sie bis zum Mittag des nächsten Tages die Waffen niederlegten. Man kam dem Aufruf des Kanzlers nach. Am 15. Februar 1934 war der Bürgerkrieg zu Ende. Er hatte bei Exekutive und Heimwehr 42 Tote und 123 Verwundete gefordert, auf seiten allein des Wiener Schutzbundes nach neueren Forschungen weit über tausend Mann (Tote und Verwundete nicht gesondert angegeben), und unter der Zivilbevölkerung 105 Tote und 283 Verwundete. Insgesamt neun Schutzbundführer, darunter der schwerverletzte Karl Münichreiter, wurden vom Standgericht zum Tode verurteilt und hingerichtet. Sechs Sozialdemokraten wurden in Holzleithen von Angehörigen des Bundesheeres erschossen. Die Sozialdemokratische Partei wurde schon während der Kämpfe aufgelöst, ihre prominenten Führer waren, soweit sie nicht wie Bauer und Deutsch in die Tschechoslowakei oder wie Bernaschek in das Deutsche Reich geflohen waren, verhaftet worden. Diese Entwicklung erregte internationales Aufsehen und in allen demokratischen Staaten heftige Kritik. Bei den Linken wurde die Unterlegenen als einzige Kraft, die wenigstens versucht hatte, sich gegen den Faschismus mit der Waffe zu wehren, gefeiert. Besonders oft war dies in der Literatur der Fall. Bert Brecht verfaßte um 1945 eine Koloman-Wallisch-Kantate (Wallisch war als steirischer Schutzbundführer und Kommandant der Kämpfe in Bruck an der Mur hingerichtet worden), Erich Fried schrieb für eine 1984 erschienene Anthologie »Februar 1934« eine eigenen Beitrag darüber, wie er als damals 13jähriger in Wien den Februar 1934 erlebte. Er endet mit den Worten: »Ich kann den alten Haß noch spüren.« Der populäre Vorsitzende der Sozialdemokratischen Partei und langjährige Bürgermeister von Wien, Karl Seitz, war laut Bericht von Vizekanzler Fey im Ministerrat vom 12. Februar schon an diesem Tag »sichergestellt« worden. Seitz legte bei seiner Verhaftung das erste und letzte Mal die goldene Bürgermeisterkette an. Eineinhalb Jahrzehnte war die Stadt der Stolz und die Hochburg der österreichischen Sozialdemokraten gewesen und hatte mit ihrer von Julius Tandler aufgebauten Sozialfürsorge und ihren Gemeindebauten Weltruf erlangt.

Nach der Aufhebung des Ausnahmezustandes am 21. Februar wurden alle Sozialdemokraten in leitender Position beim Bund, in den Ländern und Gemeinden ihrer Posten enthoben, alle sozialdemokratischen Mandate annulliert, die parteipolitisch gebundenen Gewerkschaften aufgelöst und durch eine Einheitsgewerkschaft mit ernannten Funktionären ersetzt.

Alle Forderungen Mussolinis waren nun erfüllt. Der Lohn ließ nicht lange auf sich warten. Bereits am 17. März 1934 wurden die »Römischen Protokolle« über die wirtschaftliche und politische Zusammenarbeit Österreichs, Italiens und Ungarns und die Aufrechterhaltung der Unabhängigkeit Österreichs unterzeichnet. Die Römischen Protokolle beseitigten jedoch keineswegs alle Sorgen der Regierung Dollfuß. Eine neue ständestaatliche Verfassung und die Ratifizierung des Konkordats gehörten zu den vordringlichsten Anliegen.

Seit dem Erfolg des Buches des Wiener Rechtsphilosophen Othmar Spann »Der wahre Staat« (1921), vor allem aber seit der Etablierung des Faschismus in Italien hatte der bereits im 19. Jahrhundert von der katholischen Romantik gepriesene Gedanke des »Ständestaates« eine wachsende Zahl von Anhängern gewonnen. Die schon erwähnte Enzyklika Pius XI., »Quadragesimo anno« von 1931 gab der Diskussion neuen Auftrieb, ja manche Katholiken Österreichs – an ihrer Spitze Dollfuß – sahen in ihr sogar die ausdrückliche päpstliche Sanktion des Ständestaates als solchen, was ihr Verfasser, der deutsche Jesuit Nell-Breuning, nach 1945 ausdrücklich als Mißverständnis erklärte. Bei der Ausarbeitung einer Verfassung setzten sich vor allem die Vorschläge des schon genannten Sektionschefs im Bundeskanzleramt, Robert Hecht, für ein autoritäres System durch. Am 30. April 1934 wurde der Nationalrat, aus dem die Sozialdemokraten ausgeschlossen waren, zum letzten Male zusammengerufen. In dieser Sitzung bestätigte er gemeinsam mit dem Konkordat vom 5. Juni 1933 die Verfassung, die jedoch nicht mehr als demokratisch gewertet werden kann. Sie hat von Anfang an die Kritik der Staatsrechtslehrer hervorgerufen.

Die am 1. Mai 1934 feierlich proklamierte Verfassung beginnt mit folgender Präambel: »Im Namen Gottes, des Allmächtigen, von dem alles Recht ausgeht, erhält das österreichische Volk für seinen christlichen, deutschen Bundesstaat diese Verfassung.« Das Wort Republik kommt in ihr nicht mehr vor. Alle Macht des »ständisch geordneten Bundesstaates Österreich« lag bei der Bundesregierung. Umso komplizierter war die von der Verfassung vorgesehene Struktur der sogenannten »Organe der Bundesregierung«. Als Übergangszeit für die Realisierung der verschiedenen ständisch zusammengesetzten Beiräte wurde eine Frist festgesetzt, die so lange dauerte wie der von der Mehrheit der Österreicher nicht akzeptierte Ständestaat: bis zum 11. März 1938. Schon im Juli 1936 hatte der Nachfolger des im Juli 1934 von nationalsozialistischen Putschisten ermordeten Bundeskanzlers Dollfuß, Dr. Kurt Schuschnigg, nach der Aufkündigung des italienischen Schutzes infolge der deutschen Hilfe im Abessinienkrieg das sogenannte »Gentleman's Agreement« unterzeichnet, das die letzte Stufe des auch wegen des Februar 1934 einsam gewordenen Ständestaates auf dem Weg in den März 1938 war. Vermutlich wäre auch ein po-

litisch einiges Österreich Hitlers Eroberungspolitik
zum Opfer gefallen, sicher aber später und würde-
voller als 1938.

Selbstverständlich habe ich mich auch bemüht,
Berichte von »rechten« Zeitzeugen zu finden. Daß
die »Reichspost«, das offizielle christlichsoziale
Parteiorgan, die Appelle, Kundmachungen und den
Sieg der Regierung ebenso feierte wie die Verfas-
sung des Ständestaates, war selbstverständlich.
Selbst die »liberale« »Neue Freie Presse« hielt sich
getreulich an den Regierungskurs. Kritik an diesem
aus dem katholischen Lager kam von einzelnen
wie Ernst Karl Winter, August Maria Knoll und
Alfred Missong, die auch zu den Vätern der österreichischen Nation gehören. Gefeiert wurde der
Februar 1934 auch in der bürgerlichen Literatur
nicht. Selbst Friedrich Funder, der langjährige
Chefredakteur der »Reichspost« und nach 1945
Gründer und Herausgeber der »Furche«, und Heinrich Drimmel schildern den Weg zum Februar
1934 in mancher Hinsicht anders, als dies hier der
Fall war. Die Kämpfe, standgerichtlichen Urteile
und Hinrichtungen während und nach dem Bürgerkrieg finden auch bei ihnen keine Zustimmung.
Dennoch ist es verständlich, daß gerade »Zeitzeu-

gen« von beiden Seiten noch immer emotional reagieren.

Sozialwissenschaftler aus aller Welt haben die anfangs genannten Erklärungen für den Februar 1934 gesucht und gefunden. Mir persönlich erscheint jedoch noch der Hinweis auf das Phänomen der Angst für die Geschichte der Ersten Republik und besonders des Februar 1934 wichtig. Der amerikanische Historiker und Psychoanalytiker Peter Loewenberg hat die Bedeutung der Angst in der Geschichte vor wenigen Jahren prägnant beschrieben. Angst vor der ungewissen Zukunft, vor einer »Weltverschwörung« des internationalen Judentums, vor Arbeitslosigkeit, Bolschewismus und Nationalsozialismus war in den dreißiger Jahren ohne Zweifel ein vorherrschendes Motiv für Politiker und Wähler in ganz Europa. Daß Politik aus Angst auf Irr- und Abwege führt, braucht nicht erläutert zu werden. Die Zweite Republik, deren Geschichte bisher tatsächlich eine »Erfolgsstory« war, ist ein gefestigter, wirtschaftlich abgesicherter demokratischer Staat. Er steht vor großen Entscheidungen und neuen, möglicherweise gefährlichen Entwicklungen in Osteuropa und der Welt. Wir alle sollten uns dennoch nicht auf Angst als Entscheidungsmotiv für die Zukunft einlassen. Wenigstens das müßten wir aus der Geschichte der Ersten Republik und des Februar 1934 gelernt haben.

ICH GLAUBE AN DEN FORTSCHRITT

Erika Weinzierl im Gespräch
mit Hubert Christian Ehalt

Ehalt: Sie gehörten und gehören zur Avantgarde unter den Historikern und Historikerinnen – was ist Ihre persönliche Geschichte als engagierte Historikerin gewesen?

Weinzierl: Die Frage nach dem Engagement wäre zu beantworten mit der Beschreibung des Weges, den ich als Historikerin genommen habe. Eigentlich habe ich als Mittelalter-Historikerin begonnen. Es war der Wunsch meines Vaters gewesen, daß ich Ärztin werde. Ich habe daher zwei Semester Medizin studiert; allerdings haben die Mediziner im Mai 1945 ihre Lehrtätigkeit nicht sofort wieder aufgenommen – im Gegensatz zu den Geisteswissenschaften. Damals rieten mir Freunde aus der Gruppe der katholischen Studenten, bei der ich war, mir doch einmal die Geisteswissenschaften anzuschauen. Ich könne danach auch alles wieder vergessen, aber es gehöre eigentlich zur persönlichen Entwicklung dazu. Also habe ich 48 Wochenstunden, darunter auch ein historisches Proseminar, inskribiert und mir brav alles angehört. Und als das Sommersemester vorbei war, war klar, daß ich bei Geschichte bleiben würde. Ich habe dann parallel zu meinem Geschichtsstudium den Lehrgang des Instituts für österreichische Geschichtsforschung absolviert, der ja bis heute eine Anstellungsbedingung für Archivare in Bibliotheken und Staats- und

Landesarchiven ist. Ich habe das Geschichtsstudium mitsamt dem Institutslehrgang in nur drei Jahren geschafft, denn ich wollte das Jahr, das mir der Arbeits- und Kriegshilfsdienst gestohlen hatte, wieder aufholen. Das heißt, ich bin sechs Semester lang an der Philosophischen Fakultät gewesen und bekam außerdem die zwei Semester an der Medizinischen angerechnet, war also mit 23 Jahren mit dem Studium fertig.

Bereits als Studentin hatte mir mein erster Lehrer, Professor Santifaller, gesagt, daß ich mich sicher habilitieren werde, obgleich ich zu diesem Zeitpunkt noch gar nicht wußte, was das eigentlich ist. Vorerst dissertierte ich über ein mittelalterliches Kloster in Kärnten, genauer gesagt Millstatt – aus dem schlichten Grund, weil ich dort viele Jahre auf Sommerfrische gewesen war. Das Millstätter Kloster gehörte bis 1469 den Benediktinern, gefolgt vom Georgs-Ritter-Orden Friedrich III. und zum Schluß den Jesuiten. Ich hatte mich jedoch auf das Mittelalter beschränkt. Ich saß also aufgrund meiner Institutsarbeit – einer Edition des geschlossenen Bestandes Millstätter Urkunden – immer wieder fleißig abschreibend im Staatsarchiv und wurde daraufhin vom damaligen Archivdirektor Dr. Rath, der das beobachtet hatte, angesprochen. Er fragte mich, ob ich schon wüßte, was ich machen werde. Ich sagte nein, ich hätte keine Ahnung, obgleich mir eine historische Arbeit sehr viel Freude bereiten würde. Er erwiderte, daß er mich gerne im Archiv behalten würde, was jedoch schwierig sei, da er derzeit keine Akademikerstelle, sondern nur eine Maturantenstelle frei habe. Ich zögerte keine Minute und sagte: »Ja, gerne«. Daraufhin habe ich am 1. Juli 1948 im Haus-, Hof- und Staatsarchiv zu arbeiten begonnen und im Dezember promoviert.

Meine Bestände waren von Anfang an die Urkunden, vom 9. Jahrhundert aufwärts bis einschließlich der Staatsurkunden, die ja bis in die Gegenwart hineinreichen. Ich hatte zum Beispiel den ersten Südtirolvertrag in meinen eigenen Händen und viele andere. Denn sie sind im Gegensatz zur Registratur des Außenministeriums immer sofort zu uns gekommen. Ich habe allerdings wissenschaftlich zuerst noch an den Beständen aus dem Mittelalter weitergearbeitet. Zu diesem Zeitpunkt traf ich den späteren Generaldirektor Mikoletzky, der mich fragte, was ich so mache und ob ich nichts publizieren wolle. Ich erwiderte, daß ich eigentlich nichts Geeignetes hätte. Er antwortete mir: »Hören Sie, ein junger Mensch wie Sie, der muß doch ehrgeizig sein und was publizieren. Ich habe im zweiten Band der Festschrift zum 200-jährigen Bestehen des Haus-, Hof- und Staatsarchivs noch einen Platz für Sie.« Daraufhin habe ich nachgedacht und etwas geschrieben, was durchaus schon in den Bereich der späteren Alltagsgeschichte gehört hat, die mich immer schon interessierte, aber in meiner Dissertation keinen Platz mehr gefunden hatte. Ich habe über das Leben der Mönche in Millstatt berichtet: wie sie in der Nacht zu ihren Mädchen hinausgegangen sind und die Fastengebote nicht eingehalten haben. Als Quelle habe ich Visitationsberichte verwendet, in denen die Visitatoren all dies streng mahnend und erbost festgehalten hatten. Das war meine erste Publikation.

Aber auch meine Dissertation ist gedruckt worden, im Jahr 1951. Das Honorar in der Höhe von 6.000,- Schilling, das ich damals vom Verlag Carinthia bekommen habe, war für mich eine sagenhafte Summe. Dieses Buch wird übrigens heute noch immer wieder nachgedruckt und in Millstatt, das ja ein Fremdenverkehrszentrum ist, verkauft.

Nach dem ersten Buch bin ich dann auf den Geschmack gekommen. Ich habe mich langsam durch die Bestände gearbeitet und wirklich aus jedem Jahrhundert einen größeren Aufsatz verfaßt, ganz seriös nach der Methode, die ich auf der Universität gerlernt habe, nach streng positivistischer Wissenschaft. Das Einbringen von persönlichen Wertvorstellungen war tabu. Das tat man nicht.

Inzwischen weiß ich, daß selbst eine Edition – wenn man nicht gerade eine geschlossenen Quellenbestand von A bis Z ediert – durch die Auswahl, die man trifft, das eigene, subjektive Interesse widerspiegelt. Dieses »erkenntnisleitende Interesse« wurde erst viel später von Habermas sozusagen »entdeckt«.

Inzwischen gab es schon mehrere Publikationen von mir, nämlich zehn wissenschaftliche Aufsätze und zwei Bücher, eines davon die Dissertation. Ich beschloß, den Versuch zu wagen und mich zu habilitieren, quasi als letzte Station, die ich durch meine eigene Leistung und mit meinem Ehrgeiz erreichen konnte.

Als Thema hatte ich mir »Die österreichischen Konkordate von 1855 und 1933« ausgewählt, was mich in die Zeitgeschichte führen sollte. Mein großer Vorteil war, daß ich Zugang zu vielen Akten aus der Zeit um 1933 hatte, obwohl offiziell eine Archivsperre von fünfzig Jahren vorgesehen war. Ich tat allerdings nur das, was jeder Archivar tun kann, nur eben nicht sagen darf. Ich habe wirklich auf Grund der Akten geschrieben, wenngleich ich Belege mit der Zitierung anderer Arbeiten angeführt habe. Ich wurde jedenfalls 1961 von Professor Lhotsky habilitiert, und die Habilitationsschrift ist auch sofort im Verlag für Geschichte und Politik gedruckt worden. Inzwischen war mir jedoch etwas Merkwürdiges passiert.

Ich hatte nach wie vor ganz nach den Grundsätzen gearbeitet, die ich gelernt hatte. Aber als ich mit dem Konkordat von 1933 beschäftigt war, sah ich mich plötzlich mit der damaligen Innenpolitik konfrontiert, von der wir in der Schule und an der Universität natürlich überhaupt kein Wort vermittelt bekommen hatten. Und indem ich einfach aufgrund der Akten die Politik von Dollfuß, die Ausschaltung des Parlaments etc. beschrieben habe, brach ich ein Tabu – auch in meinen weiteren Arbeiten. Gerhard Botz, der im Jahre 1973 das Buch »Der 4. März 1933« herausgab, meinte dazu, daß bisher immer die Annahme von der geteilten Schuld gegolten hätte und daß ich die erste gewesen wäre, die von dem ungeschriebenen Gesetz der Koalitionsgeschichte abgewichen wäre und eine andere Darstellung gegeben hätte. Dieses Urteil hat mich sehr gefreut.

Es folgte bald die nächste Stufe. Im Jahr 1960, als ich noch im Archiv war, wurde von Ernst Wolfgam Böckenförde, der heute ein sehr bekannter Höchstrichter in

Deutschland ist, in einer mittlerweile eingegangenen katholischen deutschen Zeitschrift ebenfalls ein Tabu gebrochen: Er veröffentlichte nämlich den ersten kritischen Aufsatz über Kirche und Nationalsozialismus im Deutschen Reich im Jahre 1933. Es ging um das Verhalten der Bischöfe, die noch ein Jahr zuvor die Nationalsozialisten exkommuniziert, dann ihre Haltung aber sehr schnell geändert hatten. Dieser Artikel wirbelte damals ungeheuren Staub auf, denn die Kirche hatte sich bis dahin im wesentlichen mit den Etiketten »Nur verfolgt« und »Hort des Widerstandes« versehen. Der damalige Akademiker- und Künstlerseelsorger Otto Mauer, mit dem ich bis zu seinem Tod eng befreundet war, meinte dazu: »So etwas würde man in Österreich wirklich auch brauchen – nur traut sich hier keiner.« Daraufhin habe ich ihn angeschaut und gesagt: »Doch, ich.« Also habe ich die nächsten eineinhalb Jahre nur dafür gearbeitet, und das Ergebnis wurde in drei großen Abschnitten von 1963 bis 1965 publiziert.

Durch diese Arbeit bin ich daraufgekommen, was für einen aberwitzigen katholischen Antisemitismus es bereits vor 1933 und noch viel weiter zurück in der Geschichte gegeben hat. Ich hatte das nicht gewußt. Ich bin natürlich katholisch getauft, genauso wie meine Eltern, die allerdings keine praktizierenden Katholiken waren. Ich selbst habe erst als Erwachsene den Weg zum Katholizismus gefunden. Da wir aber keine Nazifamilie waren, kannte ich von zu Hause auch keinen Antisemitismus. Ich bin jedenfalls bei meinen Funden sehr erschrocken und dachte: »Das darf doch nicht wahr sein.«

Ich bin zum Beispiel auf das dreißig Strophen lange »Wanzenepos« von Sebastian Brunner aus dem Jahr 1888 gestoßen. Mit den Wanzen waren natürlich die Juden gemeint, die an allem schuld seien. In der letzten Strophe wird auf die Frage, wie man sich dieses Ungeziefers erwehrt, geantwortet: mit der Verwendung von Pestiziden. Ich sehe darin sehr wohl eine Vorbereitung des Weges, der nach Auschwitz geführt hat. Man kann mir entgegenhalten, daß solche Leute nie einen Juden umgebracht hätten, aber – »mit den Worten beginnt's« und »die Macht der Gewalt liegt in der Zunge«.

Seit damals sitzt diese schockierende Erfahrung sehr tief in mir. Und so ist der katholische Antisemitismus das weitere Leitthema meiner Arbeit geworden, wenngleich ich auch andere Schwerpunkte habe.

Das hat mir allerdings auch viel Ärger eingebracht. Denn ich habe im Wiener Diözesanarchiv – das man mich damals großzügig hat benützen lassen – einiges gefunden und habe daraufhin Dinge anders als bis dahin dargestellt. So zum Beispiel in bezug auf Kardinal Innitzer. Denn er war nach einem Gespräch mit Hitler im Hotel Imperial sehr begeistert und beeindruckt, weil jener ihm das Blaue vom Himmel herunter versprochen hatte. Das kann man anhand von Äußerungen belegen.

Für mich und meine Arbeit war es jedenfalls eine wichtige Station, und es war in gewisser Weise etwas anderes, als wir bisher gelernt hatten. Denn für seriöse Historiker war die Beschäftigung mit so junger Geschichte schon hart an der Grenze zum Journalismus. Das hat sich in den letzten dreißig Jahren sehr geändert.

Ehalt: Die traditionelle Geschichtswissenschaft bis in die sechziger Jahre hat sich ja – in der Tradition Leopold von Rankes – bemüht, die Ereignisse so zu beschreiben, wie sie eigentlich gewesen sind. Der Konstruktivismus einerseits und die akzentuierende Diskussion über Erkenntnis und Interesse andererseits haben das Bild von der Möglichkeit, soziales Handeln objektiv darzustellen, empfindlich gestört. Sie haben schon erzählt, welches Erlebnis es für Sie war, die unterschiedliche Darstellung ein und desselben Ereignisses zu registrieren. Wie hat sich bei Ihnen der Weg entwickelt von einer Geschichtswissenschafterin, die nach objektiven, ein für allemal feststehenden Daten und Zusammenhängen sucht, zu einer Historikerin, die bei ihrem Blick auf die Vergangenheit die Dynamik von aktuellen, politischen Prozessen stets mitreflektiert?

Weinzierl: Diese Reflexion im Bereich der unmittelbaren Zeitgeschichte hat eigentlich schon mit der Habilitationsarbeit begonnen und wurde dann während eines ersten Seminars mit Wiener Studenten über die Berichterstattung in den damaligen österreichischen Zeitungen über den 15. Juli 1927 noch vertieft. Das war ein Versuch mit gesellschaftswissenschaftlicher Methodik. Natürlich wußte man, daß es sehr gegensätzliche Sichtweisen gab, beispielsweise zwischen groß- und kleindeutschen Historikern im 19. Jahrhundert. Aber man hatte doch nicht erkannt, welche starken und unmittelbaren Nachwirkungen das hatte. Zudem hatten bisher höchstens die Publizisten die Zeitung als Quelle verwendet, bei den Historikern war das noch nicht anerkannt.

Natürlich gab es auch theoretische Auseinandersetzungen, besonders mit meinen jungen Mitarbeitern und Assistenten von der Universität Salzburg. Dabei ging und geht es mir aber immer in erster Linie um die Menschen.

Ich war also auf der Universität und habe einerseits die Wissenschaft für ganz wichtig gehalten, die eigentlich auch meine »erste Liebe« ist. Andererseits habe ich immer die Notwendigkeit gespürt, meine Erkenntnisse an Menschen zu vermitteln, die sich nicht wissenschaftlich damit beschäftigen, aber Interesse an diesen Fragen haben. Das hat mir Freude bereitet. Ich habe mich sehr in der Volksbildung engagiert, und nicht nur für die katholischen Bildungswerke. Ich habe viele Vortragsveranstaltungen mit Diskussion in ganz Österreich und auch über die Grenzen hinaus gehalten. Außerdem war ich sehr stark an der Lehrerfortbildung beteiligt, zum Beispiel in Mittelschulen.

Ehalt: Man kann also sagen, daß die Idee der Aufklärung immer ein wesentlicher Impuls für Ihre Tätigkeit gewesen ist. Sie haben beschrieben, wie aus dem Umgang mit den Quellen ein Markstein für Ihre Aufklärungsarbeit entstanden ist. Gab es noch einige andere Einschnitte, die für Sie die Notwendigkeit einer aufklärenden Geschichtswissenschaft besonders deutlich gemacht haben?

Weinzierl: Das war für mich eigentlich schon bei der

Arbeit »Kirche und Nationalsozialismus« sehr deutlich. Ich habe dann auch den Universitätsbereich erfaßt und untersucht, was an den Universitäten der Zwischenkriegszeit gelehrt worden ist. Es hat eine einzige Vorlesung über Demokratie gegeben, von einem Professor, der Wien im Jahr 1929 verlassen hat: Hans Kelsen. Meine Antrittsvorlesung in Salzburg war: »Universität und Politik in Österreich 1918 – 1938«. Die Folgen waren beträchtlich. Denn die damaligen Professoren waren Vertreter des Deutsch-Nationalismus bis hin zum Nationalsozialismus gewesen. Ich meine, daß die Universitäten der Zwischenkriegszeit in ihrer Aufgabe versagt haben, denn meiner Ansicht nach gehört zu dieser Aufgabe eben auch Aufklärung, nicht unbedingt im Sinne politischer Bildung, aber die Vermittlung eines Demokratieverständnisses. Stattdessen haben die Professoren massiv Ideologie gelehrt, Stichworte »Schandvertrag von Saint-Germain und Versailles«, »Deutschtum« etc. Das ist immer noch nachlesbar. An den Universitäten ist Antisemitismus und Deutsch-Nationalismus vermittelt worden. Diese Ansichten waren nicht nur unter den Studenten stark verbreitet, die eigentlich nur ein Spiegelbild ihrer Professoren waren bzw. umgekehrt.

Für mich waren Demokratie-, Republik- und Österreich-Bejahung kein Problem. Für mich ist es ganz selbstverständlich, eine Angehörige der österreichischen Nation zu sein, aber ich habe gesehen, daß es für andere in früheren Zeiten nicht so war.

Hiermit bin ich bereits bei den Themen, die bis heute meine Arbeit bestimmen. Die Theorie-Diskussion ist an mir nicht spurlos vorübergegangen. Meine Salzburger Mitarbeiter und ich – seit 1967 war ich Professorin für österreichische Zeitgeschichte an der Universität Salzburg – haben uns vierzehntägig getroffen und verschiedene Theorien, wie zum Beispiel von Habermas, diskutiert und haben dabei durchaus gestritten – es war jedenfalls hochinteressant und hatte Wirkung: 1977 wurde ich die Leiterin des Ludwig-Boltzmann-Institutes für Geschichte und Gesellschaft (bis 1991 für Geschichte der Gesellschaftswissenschaften) in Salzburg, später in Wien.

Ich möchte noch ein für mich sehr einschneidendes Erlebnis berichten. Die berühmte '68 er-Bewegung hat in Österreich ja nicht in dem Ausmaß wie in Frankreich oder in der Bundesrepublik stattgefunden, es hat lediglich schwache Nachwehen gegeben. So auch in Salzburg. Ich hatte damals das Buch von Hannah Arendt gelesen und habe einem Politikwissenschaftler von der Theologischen Fakultät vorgeschlagen, zwei Semester lang ein Seminar über Totalitarismus-Theorie zu machen. Wir kamen nichtsahnend zur ersten Sitzung in den großen Seminarraum, der bereits brechend voll war mit sämtlichen Linken, die es damals in Salzburg gab. Die waren natürlich wütende Gegner dieser Theorie, laut der der Kommunismus mit dem Nationalsozialismus gleichzusetzen ist. Wir waren nicht darauf gefaßt gewesen, daß es von Anfang an Streit geben werde. Mein Kollege kam nach der zweiten Session nie wieder. Und ich habe mich jedesmal die ganze Woche davor gefürchtet, aber ich habe mich vorbereitet und gesagt:»Wenn ich das nicht durchstehe, werde ich mir das nie verzeihen.« Ich habe also auch das zweite Semester durchgehalten, wenngleich sich die verschiedenen Standpunkte nicht angenähert haben, sondern nur ausgetauscht und vertreten wurden. Und gegen Ende des Studienjahres kamen die Studenten plötzlich zu mir und meinten, daß sie gerne noch weitermachen würden. Ich erfuhr, daß sie sich immer die ganze Woche für das Seminar vorbereitet und sich bei einem linken Assistenten in der Wohnung sozusagen konspirativ getroffen hatten. Wenn man heute ehemalige Salzburger Studenten danach fragt, dann antworten sie: »Das revolutionäre Erlebnis war das Totalitarismus-Seminar bei der Weinzierl.« Alle haben es in guter Erinnerung, denn sie haben mir später gestanden: »Schade, daß das nicht mehr stattfindet. Es geht uns direkt ab.«

Für mich war dieses Erlebnis aus mehreren Gründen von Bedeutung. Ich habe erfahren, wie wichtig es ist, bei einer Sache, die man sich vorgenommen hat, zu bleiben und gerade jungen Menschen gegenüber nicht auszuweichen. Für mich selbst war es ein Beispiel, an dem ich mich orientieren konnte, wenn ich mich vor etwas gefürchtet habe. Das ist eben der berühmte Mut, den man braucht, um seine Angst zu überwinden. Schließlich war es auch für meine Wissenschaft bzw. für mich persönlich eine ganz entscheidende Erfahrung, in dieser Form zur Rede gestellt zu werden und Antwort geben zu müssen.

Ehalt: Wenn man zurückblickt auf die reiche Arbeit, die

sehr viele spannende und wichtige Forschungsergebnis-
se, die international rezipiert werden, hervorgebracht
hat, auf eine reiche erwachsenenbildnerische Tätigkeit,
die in Lehrbüchern der allgemeinbildenden Schulen
Eingang gefunden hat und auch sonst in vielfältigster
Weise zum Ausdruck kam, so meint man fraglos, eine
Erfolgsbilanz zu erkennen. Zumindest in den siebziger
Jahren hatte man den Eindruck, daß die geleistete auf-
klärerische Arbeit ein unmittelbares positives Ergebnis
in Form eines Demokratisierungsprozesses der Gesellschaft zeitigt. In den achtziger Jahren tut man sich mit
einer solchen Einschätzung zunehmend schwerer. Wie
beurteilen Sie – retrospektiv gesehen – die Wirkung
einer aufklärerischen Geschichtswissenschaft?

Weinzierl: Ich stimme zu, daß man in den siebziger und
achtziger Jahren das Gefühl hatte, daß – wenn auch wissenschaftlich noch viel aufzuarbeiten war – doch bereits
viel aufgegriffen worden war und auch viel Wirkung
hatte. Ich habe im Zuge dieser volksbildnerischen Um-
setzung übrigens gelegentlich Zeitungsartikel geschrieben. Auch wenn manche Kollegen bis zum heutigen
Tag behaupten, daß sich das für einen seriösen Wissen-
schaftler nicht gehöre.
Ich habe in den achtziger Jahren zum ersten Mal in meinem Leben an Massendemonstrationen teilgenommen,
im Zusammenhang mit der Friedensbewegung. Ich hatte
das Gefühl, persönlich zeigen zu müssen, was man in
der Volksbildung vermittelt.
Heute allerdings hat die optimistische Haltung: »Es

kann nur besser werden« einige Kratzer abgekriegt. Denn am Ende dieses Jahrhunderts sind alle Probleme wieder da, die die Zwischenkriegszeit bestimmt haben, nicht nur wegen der berechtigten Sezessionswünsche der Nationalitäten, sondern auch wegen der Uneinsichtigkeit der herrschenden deutschen Minderheit in der Monarchie. Jetzt zerfällt endgültig die Friedensordnung von Versailles. Man kann gelegentlich Depressionen nicht ganz vermeiden, wenn man sich fragt, ob man sich jahrzehntelang für etwas engagiert hat, was nun keine Rolle mehr spielt. Ich glaube allerdings, daß man mit Pessimismus nicht aufklären kann, sondern dazu auch Optimismus braucht. Ich glaube an den Fortschritt. Vor Jahren haben mich einmal Studenten gefragt, ob man den Fortschritt messen kann. Ich habe mir damals Antworten von Kant bis Kelsen überlegt und dann erwidert: »Es gibt etwas: die Menschenrechte.« Ob sie angewendet werden oder nicht, wäre zum Beispiel ein Gradmesser. Dazu gehört auch die Meinungsfreiheit. Ich persönlich glaube also erstens, daß wir intensiv weiterarbeiten müssen, und zweitens, daß man sich darüber hinaus engagieren muß. Der Antisemitismus hat zugenommen, nicht nur in Österreich, sondern quer durch Europa. Wir haben die Nationalitätenkonflikte, wir haben vor unserer Tür den Krieg im ehemaligen Jugoslawien, wir haben die Armut, die Ausländerfeindschaft. Wir wissen aus der Forschung, daß parallel zum Ansteigen des Fremdenhasses auch der Antisemitismus zunimmt, wenn auch deutlich niedriger. Hier engagiere ich mich und habe immer daran gearbeitet, mit vielen Artikeln. Ich habe mich an den Aktionen gegen das Volksbegehren 1993 beteiligt. Die wissenschaftlichen, zeitgeschichtlichen Aufgaben sind noch lange nicht erschöpft, und sie sind gleichzeitig die Basis. Ich habe mir mittlerweile eine klare Vorgangsweise angeeignet: Ich präsentiere die Ergebnisse meiner Forschung ohne Wertung – »das und das ist geschehen« – dann ziehe ich einen Strich darunter und sage: «Und dazu meine *ich* das.« Die eigene Meinung einzubringen, sie aber zu trennen von der erforschten Darstellung, halte ich nach wie vor für die sauberste Möglichkeit. Das sage ich auch meinen Studenten.

Und natürlich – warum soll ich es verschweigen? – hat mir mein Engagement gegen den Antisemitismus von Anfang an auch viel Feindschaft eingebracht. Viele anonyme Briefe, viele öffentliche Angriffe, in Leserzuschriften und in Artikeln – das tut weh. Ich würde lügen, wenn ich das leugnete. Daran gewöhnt man sich nämlich nicht, besonders wenn immer wieder eine neue Facette gefunden wird. Aber ich habe das Gefühl, ich muß es tun, aufgrund meines Werdeganges und meiner bisherigen Arbeit und aufgrund dessen, was ich noch weiterarbeiten möchte, solange ich kann.

(Dieser Text ist ein Ausschnitt aus einem längeren Gespräch, das Hubert Christian Ehalt in einem zeitlichen Zusammenhang mit der Wiener Vorlesung mit Erika Weinzierl geführt hat, und dessen ungekürzte Fassung in dem Band »Über Gott und die Welt im Gespräch. Wiener Vorlesungen, Konversatorien und Studien« im Verlag Jugend & Volk Ende 1994 erscheinen wird.)

DIE AUTORIN

Erika Weinzierl, geboren 1925 in Wien. Seit 1967 a.o., seit 1969 o. Universitätsprofessorin für Österreichische Geschichte mit besonderer Berücksichtigung der Zeitgeschichte an der Universität Salzburg. Seit 1977 Leiterin des Ludwig-Boltzmann-Instituts für Geschichte der Gesellschaftswissenschaften Wien-Salzburg (seit 1991 für Geschichte und Gesellschaft). Seit 1979 o. Universitätsprofessorin für Neuere und Neueste Geschichte am Institut für Zeitgeschichte der Universität Wien. Autorin u.a. von *Zu wenig Gerechte. Österreicher und Judenverfolgung 1938-1945*, Graz, Wien, Köln 1969, 1985 und 1986. Herausgeberin und Mitherausgeberin zahlreicher Bücher, u.a. *Vertreibung und Neubeginn. Israelische Bürger österreichischer Herkunft*, Wien, Köln, Weimar 1992, und Herausgeberin der Monatsschrift *Zeitgeschichte* seit 1973.

Wir versichern...

Schritt
und
Tritt

**WIENER
STÄDTISCHE** ⊞ ☩
Die Versicherung

WIENER VORLESUNGEN

Die bibliophile Reihe im Picus Verlag.

Friedrich Achleitner, Die rückwärtsgewandte Utopie: Motor des Fortschritts in der Wiener Architektur? (Bd. 29)

Rudolf Binion, Freud über Aggression und Krieg: Einerlei oder zweierlei? (Bd. 33)

Irenäus Eibl-Eibesfeldt, Fallgruben der Evolution – Der Mensch zwischen Natur und Kultur (Bd. 7)

Vilém Flusser, Ende der Geschichte, Ende der Stadt? (Bd. 14)

Hermann Glaser, Die Kulturstadt und die Zukunft der Industriegesellschaft (Bd. 9)

Maurice Godelier, Wird der Westen das universelle Modell der Menschheit? (Bd.5)

Ernst H. Gombrich, Künstler, Kenner, Kunden (Bd. 19)

Götz Hagmüller, Wenn das Licht ausgeht in Kathmandu (Bd. 6)

Werner Hecht, Der Abstieg in den Wohlstand – Harakiri der DDR? (Bd. 8)

Jürgen Hein u.a., Grillparzer heute – wiederentdeckt oder vergessen? (Bd. 22)

Hilmar Hoffmann, Die Aktualität von Kultur – Probleme mit dem Kulturboom (Bd. 3)

Werner Hofmann, Die Kunst, die Kunst zu verlernen (Bd. 27)

Arthur E. Imhof, »Sis humilis!« Die Kunst des Lebens als Grundlage für ein besseres Sterben (Bd. 13)

Helmut Konrad · Anton Pelinka, Die politischen Parteien im neuen Europa und im historischen Umbruch (Bd. 31)

Hermann Korte, Blicke auf ein langes Leben – Norbert Elias und die Zivilisationstheorie (Bd. 24)

Erwin Kräutler, Kirche mit indianischem Antlitz – eine Utopie? (Bd. 21)

Erwin Kräutler, 500 Jahre Lateinamerika – kein Grund zum Feiern (Bd. 15)

Jost Krippendorf, Auf dem Weg nach Ökotopia? (Bd.20)

Pinchas Lapide, Heinrich Heine und Martin Buber – Streitbare Gottsucher des Judentums (Bd. 12)

Harald Leupold-Löwenthal, Wien und die Fremden (Bd. 17)

Konrad Paul Liessmann, Über Nutzen und Nachteil des Vorlesens – eine Vorlesung über die Vorlesung (Bd. 25)

Rudolf zur Lippe, Oidipus und die verweigerte Seelenfahrt (Bd. 2)

Hans Mommsen, Widerstand und politische Kultur in Deutschland und Österreich (Bd. 26)

Anton Pelinka, Der Westen hat gesiegt – Hat der Westen gesiegt? (Bd. 18)

Donald A. Prater, Stefan Zweig und die Welt von gestern (Bd. 30)

Andreas Rett, Die Geschichte der Kindheit als Kulturgeschichte (Bd. 11)

Leopold Rosenmayr, Streit der Generationen? (Bd. 23)

Julius H. Schoeps, Theodor Herzl und die Dreyfus-Affäre (Bd. 34)

Horst Seidler, Wissen und Ignoranz – Das Dilemma der Evolution zum homo sapiens (Bd. 4)

Edward Shorter, Das Arzt-Patient-Verhältnis in der Geschichte und heute (Bd. 10)

Paul Watzlawick, Vom Unsinn des Sinns oder vom Sinn des Unsinns (Bd. 16)

Erika Weinzierl, Der Februar 1934 und die Folgen für Österreich (Bd. 32)

Harry Zohn, Amerikanische »Thirty-Eighters« aus Wien als doppelte Kulturträger

Die Reihe wird fortgesetzt